日本觀察日記

Moni．摸你 圖．文

My Everyday Diary in Japan.

作者序

厭倦了臺灣平淡的上班族生活，試著問內心深處的自己，要做點什麼改變。很慶幸二〇一八年有機會到日本鬼混一年，我不是什麼哈日族，日文也沒有很強，只是想藉旅行逃離一下原本的生活，抓住青春的尾巴。

去之前，就決定要去東京、京都兩個地方，當時在東京待了十個月，因爲大學唸設計相關科系，所以想在這個城市體驗一下時尚設計生活，吸取設計相關資訊；之後在京都待了二個月，因爲一直很喜歡復古、具歷史背景的東西，所以離開前，怎樣都要體驗一下這個最具日本歷史文化的地方。

一直很喜歡畫畫，於是給自己一個邊旅行邊畫畫的作業，將眼前的人物風景都收進畫裡。一開始會抽空畫個幾張，分享日本的生活，但因爲日語眞的爛到不行，所以去上課加強日語，還必須打工賺點生活費和旅費。因爲也想趁在日本期間，到想去的地方看看，因此休假時各地旅行、看設計展、參加限定活動，季節限定景色更不容錯過，於是後期畫圖時間越來越少，不想給自己太大壓力，決定這段時間先好好體驗在地生活。

去了很多地方，大開了眼界，也有一些特別的經驗，還發生一些有趣的插曲。有一次開車自駕，因爲開太快在高速公路被警察攔下；看了人生第一場雪，去了好幾次滑雪場，學會了玩滑雪板；在IG分享日本各景點的照片，也紀錄了一系列「躺下來合影」的照片。像是寫日記一般，不知不覺中記下每天發生的趣事，從每天出門必須搭乘的交通工具，採購生活用品會去的超市，到參與文化活動祭典等等，每天默默觀察，這些日本與我們文化上的差異，在心中留下許多「爲什麼？」，而這些深刻衝擊更在腦海裡構成了有趣的畫面，也成了畫圖靈感來源。

二〇一九年三月結束日本旅行回臺，開始在粉專分享日本生活，因此有機會受邀出書，感到非常榮幸。不擅長文字表達的我，還記得小時候寫作文，曾痛苦到邊寫邊哭，能這樣寫下心情並製作成書，連我自己都很驚訝。大約畫了快一年，很多心裡想說、想分享的話與情感，希望藉由書裡大量的插畫表達。

回頭看來，很慶幸出走日本一年，看看不同的世界讓心更開闊、自由。很感謝自己能持續畫下去，沒有放棄畫畫這條路，謝謝家人與身邊朋友的支持與陪伴，希望家人有看見我的努力與成長，也謝謝在日本這段旅途中，所遇見的每個人。

Moni・摸你

推薦序

一直以來，都很喜歡 Moni 作品中的氛圍，質樸溫柔的筆觸，簡單而生活軌跡般的紀錄。

當聽到 Moni 決定要出日本生活的圖文書時，期待的心情可能不亞於她本人。日本應該是我最常出國旅遊的國家，作爲一個暫時逃避生活水逆、尋找工作靈感的地方，即使拜訪多次，每每都有不同的驚奇與感嘆。觀察生活中臺灣與日本文化間的微小差異，都是每趟旅程必須的功課與趣味。

看到 Moni 這次的圖文作品，心裡面被悄悄地碰觸，簡單的線條與筆觸，溫暖的色彩與人物，平鋪直述的文字，朋友聊天般的話語，堆砌著尋常不過的場景，那樣熟悉又莞爾的日常，喚起了每次踏上旅途的那份期待。

其實該是我向她說聲感謝，感謝一個看似簡單的作品，紀錄了這些生活中的微小，述說著那些眼底下的廣大，像是一個平靜而柔軟的擁抱，接住了日本自助成癮患者的我們。

王西勢食品小老闆　杜奇

推薦序

如果你正在尋找一本去繁爲簡，又能夠精彩詮釋日本旅居記事的圖文書，那麼你一定要好好認識一下。

老是喜歡騎著腳踏車到處寫生的臺南插畫家 Moni，她的創作不僅在視覺描述上有著清新逗趣的獨特見解，甚至有時是將自嘲搞笑的本身性格也隱含在其中當作獨白。充滿童趣的角度，觀察生活中的日常是她最經典的識別，並運用最拿手的畫筆勾勒出完全獨樹一格的情境，讓人猶如身處其境，跟著一起旅行般的愉快。

話說二〇二〇年對於愛好旅行的人來說是一個殘酷的時間點，好在 Moni 適切地補足了大家內心一致性的吶喊（好想飛啊），讓此書的出版更加值得你我珍藏。

良食草堂商行負責人　鄭雅琪

推薦序

插畫是一種紀錄生活的方式，喜歡走在路上、透過雙眼的視角上上下下，有趣的驚喜的，將所望見的記在腦中，透過畫筆筆觸詮釋出來，在轉譯圖像的這段過程，細細品嚐當下的回憶，是一種屬於插畫工作者的浪漫。

Moni也是，在日本的這段時間，以臺灣人的視角觀看日本，更是能專注於在地的大小事或是文化上的差異，將這些生活點滴化爲圖像，帶我們飛越時空間，與作者的記憶重疊。

啊，好想去日本吶。

臺南製造的插畫工作者　Cecil Tang

推薦序

Moni 經常跟我一起去旅行，到達景點我就是坐著發呆或是拍照，Moni 則是拿起畫筆，畫畫景點，畫畫我們，也會把想畫的拍下來，回家繼續畫。畫圖對 Moni 來說就是生活的一部分，如果遇到瓶頸或是不順心的時候，我都會告訴她：「那就畫圖吧！反正畫圖不會花妳什麼錢，只要畫圖是開心的，那就畫吧！」

後來也經常在 Moni 畫的圖裡發現許多小彩蛋，她會把遇到的好笑的事情用畫呈現。記得有一次我們去日本迪士尼，待到快閉園才離開，不是在排隊玩設施，而是觀察路人觀察了好久，因爲路人的裝扮實在是太有趣了。經常去到景點都是坐著觀察人群，原來她的沉默寡言，是在醞釀每個情節的畫面，利用她拿手的畫畫，再呈現最好的給大家。

在看這本書的時候，很多圖都讓我好有畫面，原來很多有趣的日本文化，Moni 都有觀察到。也期許自己下次去日本玩，可以去找書裡的這些畫面，去這些景點，就像尋寶一樣，一定會很有趣！

雖然今年出不了國，但是也可以藉由這本書來回味，很值得邊看邊規劃下一次的旅行。

Moni姊　小仙柚

目錄

作者序 006
推薦序 杜奇 008
推薦序 鄭雅琪 010
推薦序 Cecil Tang 011
推薦序 小仙柚 012

觀察一、電車上の觀察
有效利用通勤時間 020
上電車先睡再說 022
平日電車 028
假日電車 029
金曜日的電車 030
滿員電車 032
擁有好腰力 034
搶位子 036
時空靜止 038
颱風天的車站 040
好禮儀 042

觀察二、道路上の觀察
年輕媽媽與時尚阿嬤 046
日本媽媽好強 048
小小上學去 049
夏天穿搭 050

冬天穿搭 051
冬天女高中生 052
夏天漫畫美少男 053
奇裝異服 054
日本店員 056

觀察三、超市裡の觀察

商品半額大優惠 060
納豆好吃嗎？ 062
日本泡麵推薦 064
日本水果推薦 066
超市店員制服秀 068
過年超市大優惠 070
獲得很多塑膠袋 071

觀察四、市集裡の觀察

跳蚤市集 074
手作市集 076
古物市集 079
紙與布市集 080
印刷市集 082

觀察五、祭典上の觀察

祭典抬神轎 086
盂蘭盆節舞 088
攤販屋台 090

神楽表演 092
阿波舞 094
花火大會 096
節分祭 098

觀察六、拉麵店の觀察

拉麵店外觀 102
拉麵店內部 104
拉麵店員 106
清爽拉麵 108
濃郁拉麵 110
烏龍麵 112

觀察七、錢湯裡の觀察

錢湯外觀 116
錢湯玄關 118
錢湯入口 120
脫去塵埃 122
淨化放鬆 124
錢湯禮儀 126
通體順暢 128

觀察八、居酒屋裡の觀察

台日居酒屋大不同 132
飲み会 136
立ち飲み 138

平成さようなら
平成31年
2018
令和こんにちは
令和元年
2019
2020
令和
平成

觀察一

電車上の觀察

日本因交通方便，電車是每天出門必使用的交通工具，並成爲生活的一部分，所以電車上是個觀察事物的好場所，來看看電車上發生了什麼有趣的事。

有效利用通勤時間

日本因為房租貴，日本公司通常有交通補助，所以很多人選擇住在租金較便宜的郊區，通勤時間拉長，因此搭電車的時間就絲毫不想浪費。

很做自己的阿伯在看報紙，但他大概不會出現在通勤時間。認真的學生也備感壓力，正在讀英文單字書。遇過上班族通勤時間，還忙碌地看資料。日本會專出小小本名為文庫本的袖珍書，可隨時塞到包包或衣服口袋，或是書都會套上書套。

電車上，盯著人看或一直東張西望會被認為是不禮貌的行為，所以大家都默默做自己的事。電車上時常看到還在為上班煩惱的上班族，現在幾乎人人必備耳機，大多數人，都低頭看手機玩遊戲、聽音樂，通勤時間剛好可以追一部劇，電車上打電動也是不可或缺的。

上電車先睡再說

對忙碌的上班族來說，電車上是最好補眠的地方，大家都睡超熟的，我也會利用搭電車的時間補眠，有時怕睡過頭還會設手機鬧鐘叫醒自己，只能說日本電車太好睡了。

睡姿大比拼，
先來比高度，
低著頭睡是最安全的，
真的很累，
睡到頭都快斷掉了。

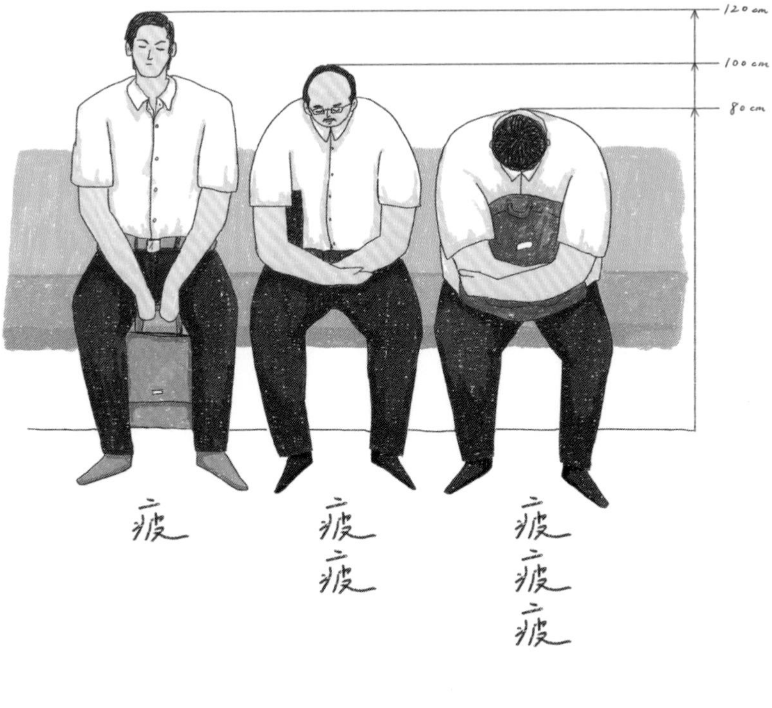

既然要睡也可以在電車裡睡得舒適，大膽橫躺在走道上睡，還真讓我遇見了，外套變枕頭，不知道是有多累，旁邊的人習以為常繼續滑手機。

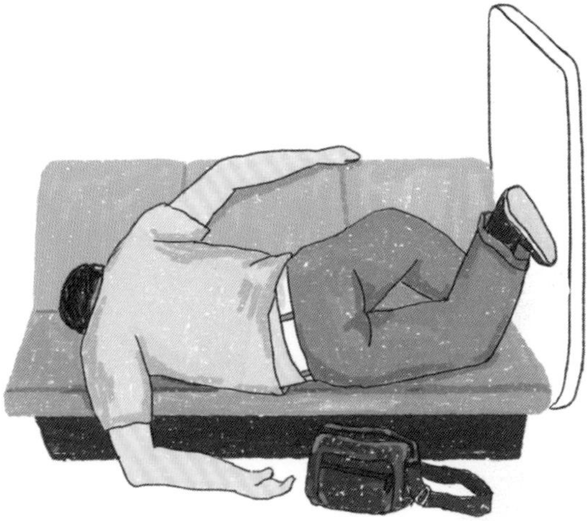

橫躺在椅子上睡，霸佔好幾個位置，不知道是喝太多還是真的很累，但大家只會無奈地找其它位置坐，並不會強制叫醒他，不知是貼心還是怕惹麻煩。有一次坐電車坐到睡著，到終點站被車長叫醒，當時真的驚醒嚇死了，想說發生什麼事，還好只是到站要換別條線繼續搭乘。

這種不顧形象仰天流口水的睡姿，也很常見，我想他們真的很累，不管怎樣就是要睡。

日本人很厲害，站著也能睡。有一次早上很累，又沒位置坐，想說閉眼休息一下好了，差點睡著還差點跌倒，之後就再也不敢站著睡了。

這位滑手機滑到睡著的先生，電車停車時好像會醒來，但仔細看，像是無意識地滑手機，沒幾秒又睡著，這樣反反覆覆的動作，真心覺得他很累，為何不放過自己呢？就睡吧！

有次搭電車，旁邊坐著一個上班族，睡到頭都快要靠到我肩膀了，很怕他靠上來，當他快靠上來時，我的肩膀大大抖動一下，但他驚醒後又繼續睡繼續倒過來，我也只好繼續抖動肩膀。

也可以自己想像有個肩膀靠，滿員的電車，旁邊總會有人坐下給你靠。

就算旁邊沒人，衝上電車可以先搶熱門的邊邊位置。

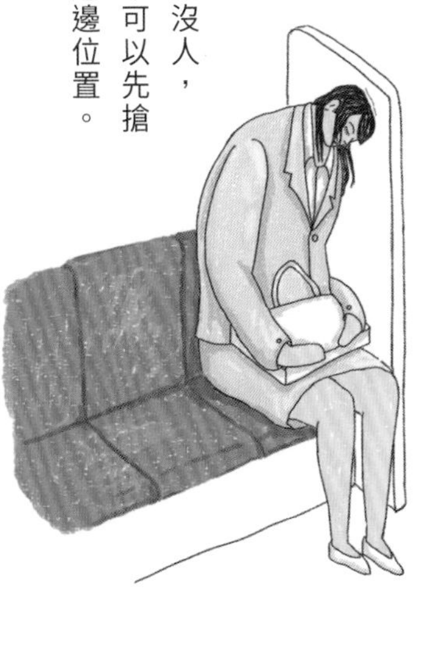

平日電車

平日的電車裡，會呈現一片黑的畫面，都是穿著黑西裝的上班族，每個人都是一臉面無表情的厭世臉。

假日電車

假日電車裡就顯得多采多姿，不會擁擠，可以悠閒欣賞窗外風景，人們輕鬆許多，會互相聊天微笑，也可以看見全家出遊的畫面。

金曜日的電車

日本人星期五晚上會玩到很晚，喝到爛醉，釋放平日高壓的身軀，在電車裡，大家講話都變大聲了，非常熱鬧跟平日反差超大，車上都是醉醺醺的乘客，車裡彌漫著酒味，在這天能看見日本人個性壓抑的另一面。

在電車上嘔吐真的很可怕，
一吐四周人潮會從中心向外擴散，
超像投射原子彈的畫面，
閃得沒半個人。

還有兩隻手
掛在電車
拉環上，
隨著電車
搖搖晃晃的
醉漢。

醉到手機錢包
散落一地，
旁邊的人還很好心
幫他撿起來。

滿員電車

通勤時間，跟著大家一起搭上討人厭又擁擠的電車，真的猶如沙丁魚一般，總是與大家肩並肩一同上班去，感情超好，都已經溢出車門了，就是要擠上車廂，因為不擠上去的話就會遲到。

這是時常看見的畫面，
背對人群往門口一躺，
手記得撐著門框，
才有施力點喔。

擁有好腰力

電車上許多人不用拉手環就可以穩穩站好，有的看起來很像在耍帥，但是跌倒就糗大了。也有聽說是日本人愛乾淨，很多人不敢拉車上的手環，因此還發明了自備拉環套，隔絕與人間接接觸，不然現在病菌那麼多，想想也是蠻可怕的。

搶位子

在日本的大城市裡，大家上班都很累，電車是他們搶時間休息的時候，於是會先在門口卡好位，但還是要乖乖排隊，電車門一開，大家蜂擁而上，搶得亂七八糟，通勤時間日本人真的沒在跟你客氣，搶到位子後馬上閉眼睡覺，就不會因別人的眼光而尷尬；有朋友遇過搶位置滑過頭，直接坐到她腿上，於是很不開心地抱怨那天雨傘放錯邊了啦。

雨傘放錯邊了

時空靜止

平日晚上大約10點左右，電車上通常是剛下班的人，每個人都一臉很累的樣子，睡覺的睡覺，滑手機的滑手機，完全沒人在交談。當電車停靠月台，引擎停止發動時，有種空氣突然凝結，時空靜止的狀態，現場真的超安靜。

颱風天的車站

第一次遇到強颱登陸，因為在日本沒有颱風假這種東西，所以不用緊盯著新聞早早就睡了。記得那晚風雨很大，導致隔天早上電車大誤點，到車站時上班的人從車站裡排隊排到出口，站外還有很長的隊伍，真的不誇張，早上看見這個景象真的嚇傻了，很佩服大家不慌不亂乖乖排隊，也許這就是日本不想造成其他人困擾的體制下，安靜等待才是最適切的方式。

おはよ駅

好禮儀

下雨天雨傘要記得收起來，不然會滴得地上濕濕的。在日本旅行時，行李請勿佔用座位，可放在上方置物架或腳邊。上車前背包要往胸前背，不然很容易撞到人。電車上不能講電話，也不大聲交談，免得招來白眼。這些都是電車上的基本禮儀喔。

観察二

道路上の觀察

到底要走左邊還右邊，剛到日本時，搭手扶梯就站錯邊了，因當時推著行李箱，就只能站在原地動彈不得，後面的人以冷眼對待，剛到日本就被教育了。

在東京搭手扶梯站左邊，右邊讓趕時間的人通過，但走路要靠左還靠右，眞的分不太出來，導致時常撞到人，可能東京人都很做自己，總是在跟時間賽跑，但在大阪手扶梯是站右邊的，在京都是前面的人站哪邊你跟著站就對了，這麼多不同規定眞的很苦惱，總之前面的站哪邊跟著站就不會錯了。

年輕媽媽與時尚阿嬤

日本連上了年紀的老奶奶，
出門還是會化妝打扮，
這裡就遇到了貴婦、氣質、可愛
三種不同類型的奶奶。

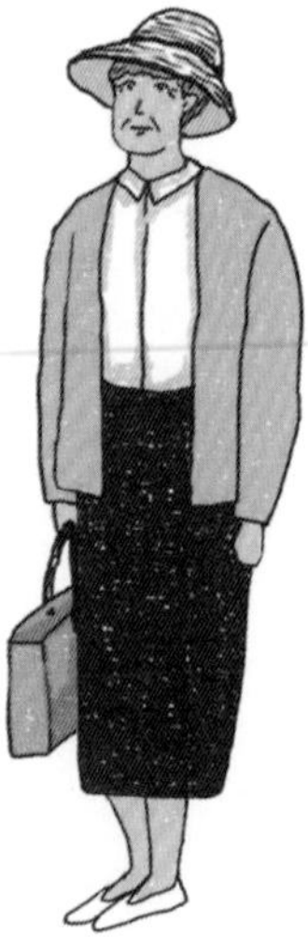

貴婦優雅的出門

文青氣質奶奶

點點可愛裝扮

在東京的路上，有帶小孩的媽媽，
每個看起來都好年輕、好會打扮，
就算當媽了，在時尚的大城市東京，
還是要繼續保持美美的。

日本媽媽好強

在日本騎腳踏車載人是違法的，但可以乘載6歲以下的幼兒上路，只要在後座裝設兒童椅就可以了，所以很常在路上看見媽媽騎著親子腳踏車三貼，車頭前面還可以載一個！媽媽的平衡感都很好，騎得很快很穩又優雅，但後來發現因為是電動腳踏車，才可以騎得這麼不慌不忙，電池就裝在座椅下！

小小上學去

電車上遇到穿制服的小朋友，獨立地自己上下學，日本學校從小就教育如何保護自己，讓小朋友學會獨立，或是成群結隊一起回家，經常看見一群小朋友開開心心聊天，卻不會大聲喧嘩，一致戴上帽子看起來很可愛。

夏天穿搭

鹽分補充食品
一到夏天，超市或便利商店會有一大區擺放這類糖果。

冰
不管是不是賣冰的，夏天看到這圖案，整個就消暑許多。

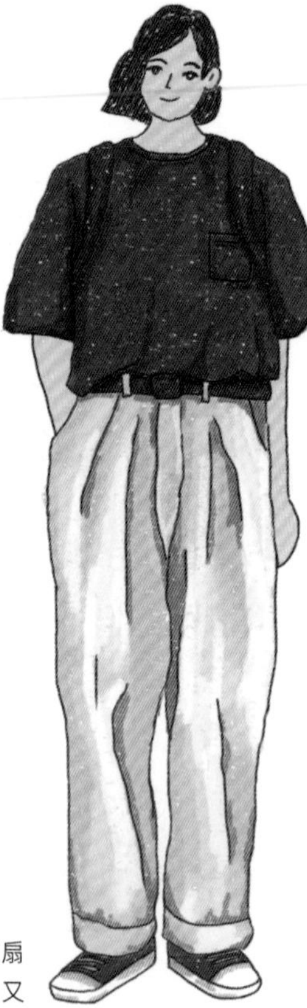

日本女生會把衣服穿得鬆鬆垮垮地，上衣紮進去，這是最輕鬆基本的穿搭。
男生穿著素面麻紗材質就很有型，留鬍鬚也是日系型男配件之一。

扇子
這種造型的扇子，好收納又很日系，是夏天必備品。

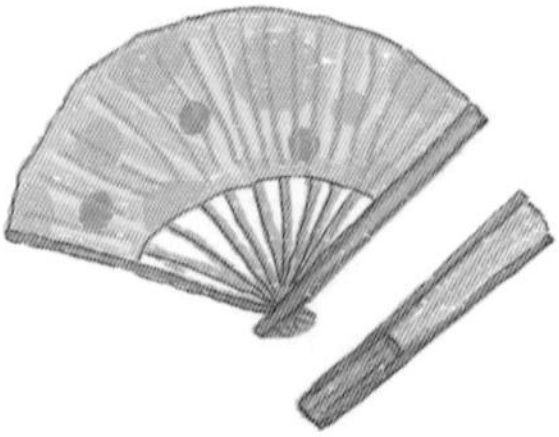

手帕
街上時常看見有人用手帕拭汗，或是洗完手拿來拭去手上的水，日本很多店家會賣各式各樣花色的手帕，很適合買來當禮物送人。

冬天穿搭

口罩

因為日本天氣比較冷，在外面戴上口罩，可以讓鼻子保持濕潤比較舒服，我也會在包包裡放上好幾片備用。

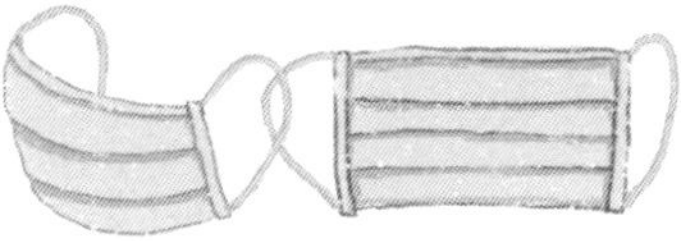

手套

室外風大或下雪時，手套是必需品。

街上幾乎都是大衣裡面配毛衣，真的很少在路上看見羽絨外套。

暖暖包

冬天如果想穿得漂亮又保暖，推薦貼式暖暖包，多貼幾片在衣服上就好。

熱飲

街上販賣機也開始販售熱飲。

冬天女高中生

日本女高中生一年四季都是穿短裙制服，即使是下雪的寒冬也一樣，她們衣服穿得很保暖加圍巾，但下半身還是短裙，小腿會穿上厚襪子保暖，但膝蓋那一節看了就覺得冷，搞不懂哪來的意志力可以這麼不怕冷。

夏天漫畫美少男

某天在車站遇見一個超級瘦的男子，一手拿西裝一手拿公事包，那天天氣很熱，走路走到路口等紅綠燈時，他彎著腰撐膝蓋，感覺好像快暈倒了，加上臉長得很秀氣，超像從漫畫裡出來的人，害我不知不覺一直盯著他看。

奇裝異服

記得某天在東京的電車上，看見一名穿著奇裝異服的男子，雖然一開始有點嚇到，但跟友人說，我覺得他好勇敢、好棒，穿著自己喜歡的衣服，不在乎別人眼光，自在地做自己喜歡的事情，如果多些關懷少點異樣眼光，世界就會多點美麗的畫面。

瀟灑的中年阿伯穿著

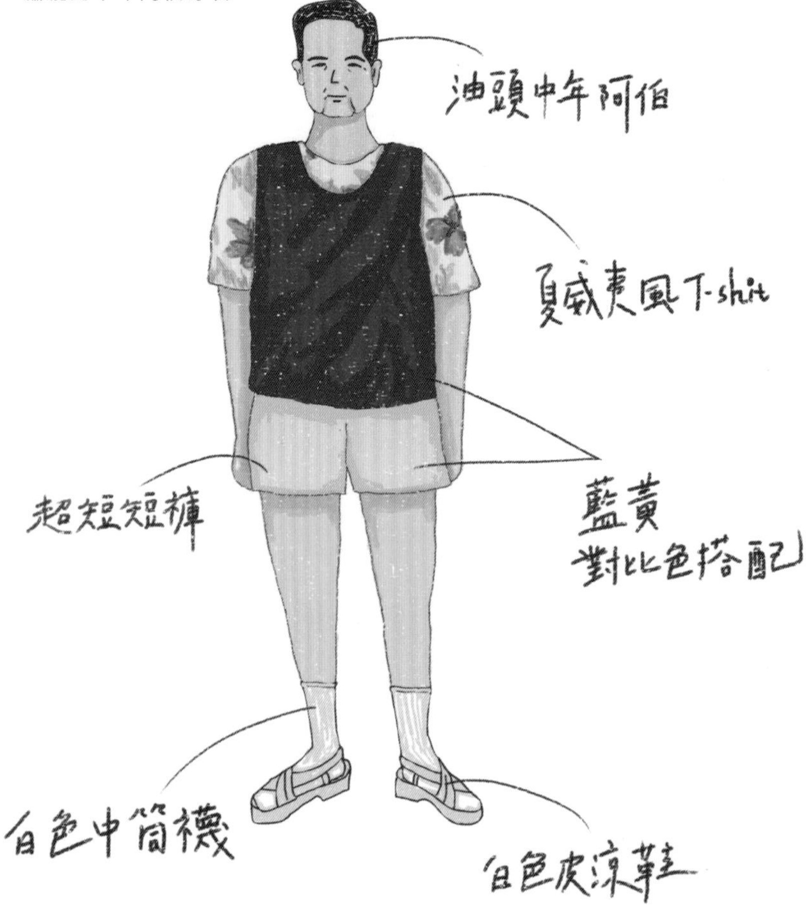

身高約175以上的高個男子穿著

日本店員

日本以禮貌的待客精神出名，百貨公司或服飾店員是最好的典範，當你買完東西要離開時，會在門口九十度彎腰鞠躬目送你離開，但也遇過沒禮貌的店員，有次在上野某家玩具店，問店員廁所在哪裡，得到的回應是不屑加冷酷表情說ない（沒有），那時體會到東京人的冷漠，可能是在日本高壓狀態下工作，總會露出不耐煩的表情。

有一次印象很深刻，去藥局買小孩的感冒藥水，店員是個婆婆，結完帳後請我們等一下，她彎腰找了一下，拿出一隻青蛙說這是禮物喔，然後笑笑地遞過來，當下覺得這舉動很可愛。

這隻青蛙是日本興和製藥吉祥物-コロちゃん／koro君，另外一隻是女生ケロちゃん／kero君，跟大同寶寶概念很像，已是古董童玩，瞬間覺得獲得珍貴的禮物。

觀察三

超市裡の觀察

在日本生活，因爲物價、房租貴得要死，想省吃儉用又要吃得飽，常常要自己下廚，所以住家附近有超市眞的很方便，只要出門就一定會去超市晃一晃。

LIFE
ライフスーパー
LIFE SUPERMARKET

商品半額大優惠

約在晚上8點左右，生食熟食區會開始打折促銷，從9折慢慢到7折最後直接半價售出，此時會漸漸出現人潮，特價商品馬上就被拿光，可以到次級品區找找快過期的商品，或快爛掉但還能吃的水果，這也是住在日本省錢的小撇步。

納豆好吃嗎？

納豆發酵的味道不是每個人都能接受，加上黏黏的口感，有人覺得很噁心，但不知為何我很喜歡，最喜歡在白飯淋上納豆，再打一顆蛋黃這種吃法，如果害怕納豆的味道，可以做成料理，例如加進蛋液做成納豆玉子燒，多了一層綿密口感，會變得很好吃，而且納豆有很多好菌和營養，吃了對身體很好喔。

納豆。
臭いと思う。
美味しいと思う。

日本泡麵推薦

幾款我覺得好吃的泡麵想推薦給大家。日本泡麵口味真的很多，不定期還有一些奇奇怪怪的限定口味，逛超市時會不自覺走去泡麵區看看，湯頭配料完全不像泡麵，跟現煮的一樣，相當吸引人，遇到好吃的口味也會庫存好幾碗在抽屜裡。

微酸微辣，裡面蝦子清爽不膩，可以把整碗湯喝個精光。

湯頭濃郁，真的很像一碗現煮的叻沙麵，很喜歡這款南洋風味泡麵。

喜歡這款炒麵的醬，雖然濃郁還是可以吃光整碗，但前提是要配冰涼的茶或啤酒。

裡面真真實實有一大塊豆皮，做成泡麵的烏龍麵口感也是QQ的。

這款蒙古的辣很香但又不會辣到吃不下去，只有在7-11販售，喜歡重口味的人，可以嘗試看看。

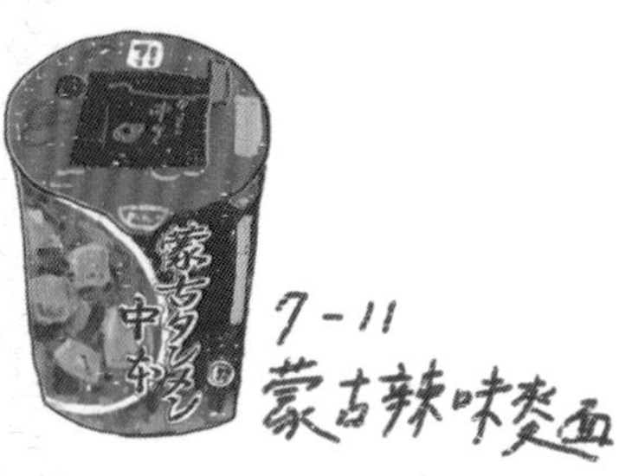

哈密瓜

日本有名的哈密瓜雖然在北海道，但在超市有賣比較低價位的，也是很好吃。

蘋果

香脆多汁，有時省錢想吃點水果的話，蘋果是必選之一。

柿子

甜度高又脆口的甜柿，在日本屬於較便宜的水果，便宜又好吃就把他放入菜籃吧。

橘子

在日本幾乎沒吃過酸的橘子，都一袋一袋賣的很便宜。

日本水果推薦

草莓

很甜、很大顆又便宜，而且不會軟軟爛爛的，大家都知道到日本一定要吃草莓。

西瓜

炎炎夏日真的超想吃西瓜，但這價錢會讓人退卻，所以每次都等超市大促銷才會買，不然一顆西瓜要價2500日圓真的買不下去。

麝香葡萄

吃起來不像葡萄的葡萄，皮不酸可以一起吃下去，但價錢比一般葡萄還要貴喔。

水蜜桃

又大又甜又香又多汁，是邊吃邊滴汁的狀態，價錢又比台灣便宜，這到日本能不吃嗎 !?

超市店員制服秀

高級一點的超市收銀員，通常會穿得比較正式，很像銀行人員，但一般超市基本上是白襯衫配圍裙，胸口一定會戴上名牌。

超市員工都有制服，每家圍裙顏色、款式不太一樣，幾乎都是搭配白襯衫，穿得很正式，不愧是日本，連超市服裝也很講究，報童帽、頭巾也常出現在制服配件中，店員一致穿起來很可愛。

過年超市大優惠

一月一日是日本的新年，過年期間超市會佈置很多有關過年的東西，住家附近的超市就推出全部商品九折，天花板會掛上一堆廣告布條，壯觀到有點可怕。

獲得很多塑膠袋

超市有賣單顆馬鈴薯跟紅蘿蔔，不想裝塑膠袋就會直接放入購物籃，但結帳時店員還是會幫你全部裝袋，海鮮裝一袋，炸物裝一袋，冰品裝一袋，最後再用一個大塑膠袋裝全部，真的太過貼心，以至於過多包裝很不環保，但近年越來越多不提供塑膠袋，需要用購買的店家。

觀察四

市集裡の觀察

有機會在日本待上一陣子，不像旅行只停留短短幾天，那假日就不能在家耍廢浪費時間，而逛市集會是最好的選擇。日本市集眾多琳瑯滿目，有些市集是一年才舉辦一次的超級盛會，絕不能錯過！日本的東西很可愛又有設計感，一不小心就會失心瘋亂買，逛市集很容易讓荷包大失血！

跳蚤市集（東京蚤之市）

東京最大規模的跳蚤市集，除了跳蚤市場還有音樂表演、手作市集、文具碗盤、美食攤位等，入場費500日圓，逛一整天還逛不完真的很值得。一聽到跳蚤市場，應該以為可以撿便宜吧，但其實很多二手商品或古物價格很貴，根本下不了手。每年春季跟秋季各舉行一次，為期兩天，是古董雜貨迷會愛上的市集喔。

NIKKO COFFEE
吃的不多每攤都在排隊
髮型都一樣
音樂表演
陶藝品

手作市集
（京都森林手作市集）

京都有很多手作市集，幾乎每個禮拜的假日都有，大多是在神社舉行，到京都時可事先查查舉辦時間，很值得去逛逛挖寶。

森林市集舉辦地點，位於下鴨神社外的森林步道，每三個月不定期舉行，也就是說，隨著四季春夏秋冬各舉辦一次，兩旁樹木隨著季節變換顏色，愜意地在森林裡散步，現在回憶起這個畫面，覺得很浪漫。

記得那天還逛到可怕古董玩偶，做得很像真人娃娃，心想真的有人敢買回家嗎？吃到好吃的現煎燒餅，外皮煎得脆脆的，裡面包著綿密的紅豆，加上 QQ 的麻糬，一餅三種口感很有層次。

古物市集（京都東寺市集）

喜歡古董老物的人，古物市集會讓你驚奇連連，挖寶挖不完，東寺的弘法市固定每個月21號舉行，販售品項琳瑯滿目，聽說有上千個攤位，二手衣、和服、植物、小吃攤販……並穿插幾攤手作攤位，吸引很多外國人朝聖。

紙與布市集
（紙博布博in京都）

是由日本著名的手紙社舉辦的博覽會，這一年很幸運，遇到史上第一次紙博、布博同時舉辦的超大盛事，攤位超級多人也是爆多，現場的剪紙似顏繪真的很厲害。那天博覽會外頭，驚見大家坐在河堤邊愜意地吃東西，京都冬天如果遇到好天氣，沒事會出門曬曬太陽，這也許是在京都才會出現的景象，很喜歡這樣的畫面，讓人留下深刻印象。

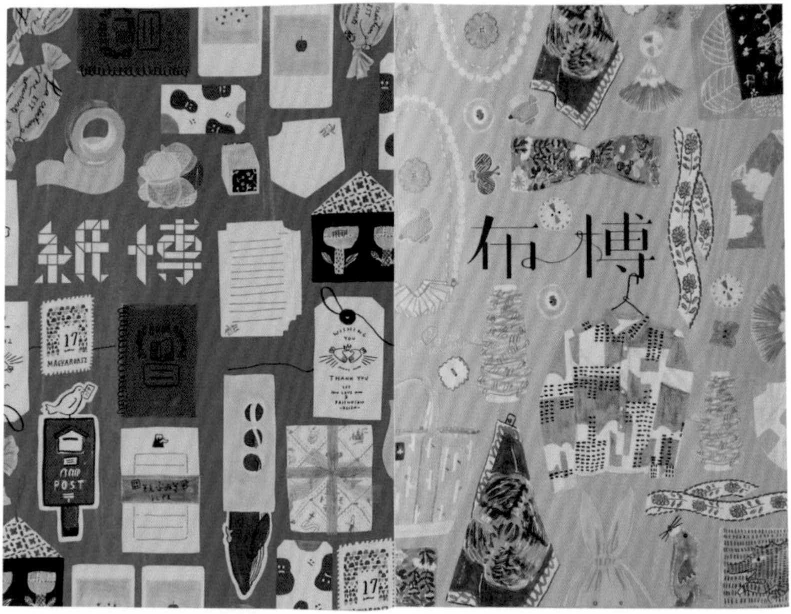

印刷市集（活版TOKYO）

現場有很多可以體驗活字印刷的攤位，可親自手動印刷機，印出屬於自己獨特的卡片或書套，也有金屬活字可以買回家收藏。活版印刷作品真的很迷人，能看見日本職人精神。而紙張受壓產生的凹凸手感，讓每張作品都相當精緻、美麗、獨特，且具生命力，看到大家的作品都好感動。

活版印刷
免費體驗

CPPハニカムCARD
1P 200-
3P 500-
10P 1,500-
くるくる
work
SHOP
COFFEE PAPER PRESS
1cup 300-yen
100g 500 yen

觀察五

祭典上の觀察

夏天是祭典密集舉辦的季節，也是不可或缺的獨有文化風情，不論是神轎或服裝，都極具日本特色，以前的祭典以祭神祈福為主，現今的祭典則成了熱鬧的慶典，不論男女老少參加祭典的大家都笑容滿面，祭典上有很多攤販，難得可以在日本街道一邊散步一邊吃東西，想念台灣夜市時，非得去放肆地大吃一頓，這些也許是日本祭典吸引人的魅力。

二趾鞋襪

祭典抬神轎

在東京打工時，工作地方在淺草附近，下班會晃去淺草寺走走，剛好遇見有名的「三社祭」，每年五月舉行，可以看見人們抬著神轎，邊遊行邊喊口號，氣勢相當壯觀、熱鬧，看見有好幾座神轎在街道穿梭，查了一下資料，據說會有一百座神轎在街道上遊行，整個淺草四周街道人滿為患，不管走到哪兒都可以看見穿著祭典服裝的人。

盂蘭盆節舞

日本夏季祭典少不了盂蘭盆節舞，大家圍成一圈，圍繞著中央打節奏的太鼓，有穿和服、剛下班的上班族、外國人、男女老少……不管會不會跳，跟著前面的人亂揮手就有那麼一點樣子，就是不會跳才歡樂，每次看到拘謹的日本人大解放都會莫名地開心。

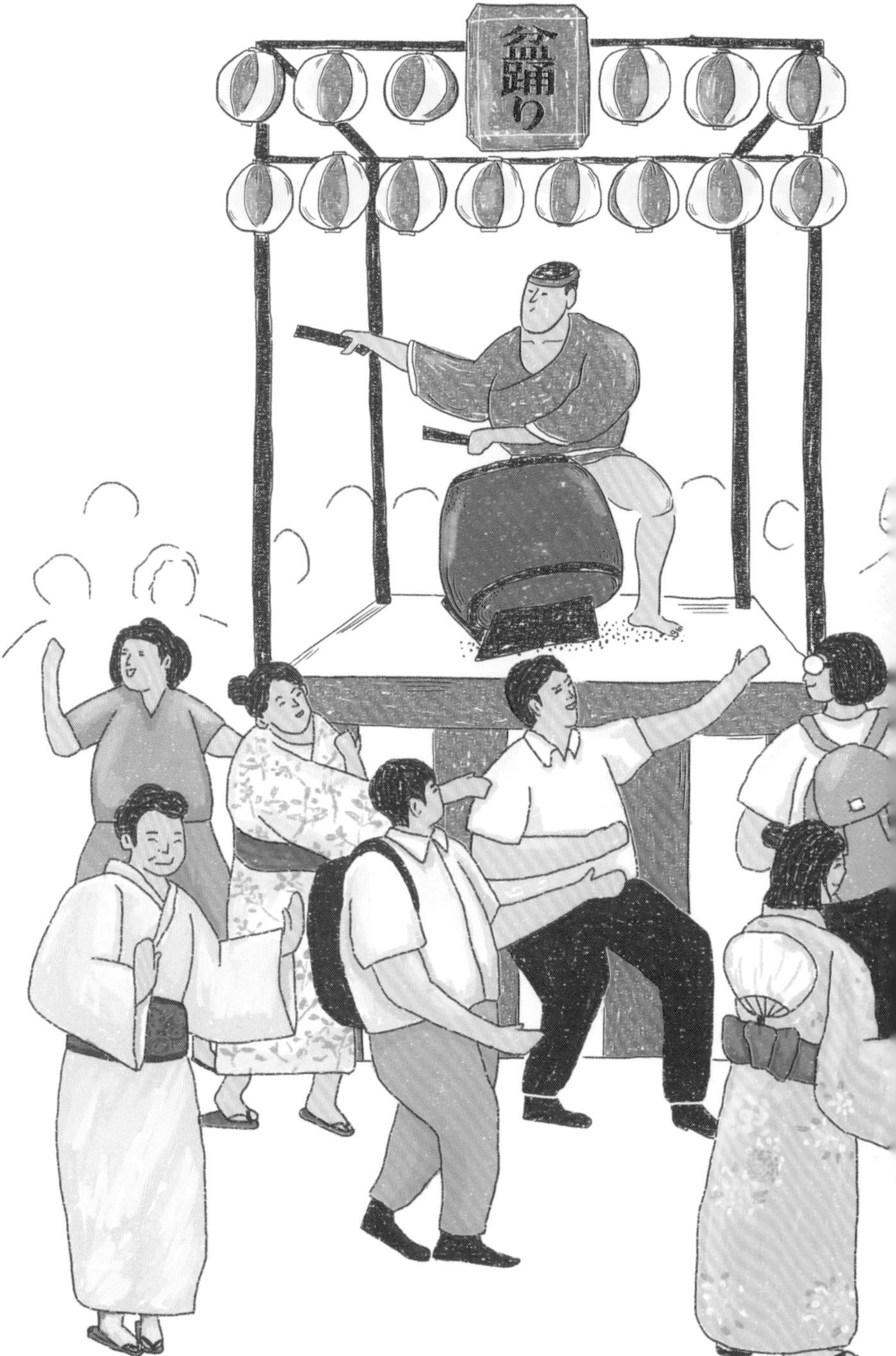
盆踊り

攤販屋台

夏日祭典另一個重點就是逛屋台，屋台很像是台灣的夜市攤販，有吃也有玩，穿著浴衣邊走邊吃，撈魚、玩玩射擊遊戲，再來份章魚燒或和風炒麵，配上啤酒或刨冰，非常日式夏日風情，簡單的食物則因風景、氣氛的不同而更加好吃。

射擊遊戲
超
カンタン!
おさかな
1コイン 500えん
好きなもの5匹を選べる
すくい

味自慢
やきそば
チキンステーキ
じゃがバター
焼そば

神楽表演

日本神社祭典用來奉納神的歌舞表演叫「神楽」，
以前是用來祈願穀物豐收及消災解厄的儀式，
表演內容幾乎都是神消滅鬼的劇情，
從面具到服裝十足日式傳統風格，
很喜歡看這種古老文化帶點藝術氣息的表演。

阿波舞

阿波舞是夏季祭典裡比較有趣的表演，會封整條街在街上表演，由民眾組隊參加演出，每隊服裝都不一樣，跳的也不一定是正規阿波舞，有的經過改編有自己特色，但仍保留日本文化氣息，讓傳統祭典變得更有趣。旁邊也會有一些賣吃的攤販，地上會有一些區塊鋪上大型帆布，供觀眾坐在地上觀賞，很多人帶著全家坐在地上，邊吃東西邊觀賞相當歡樂。

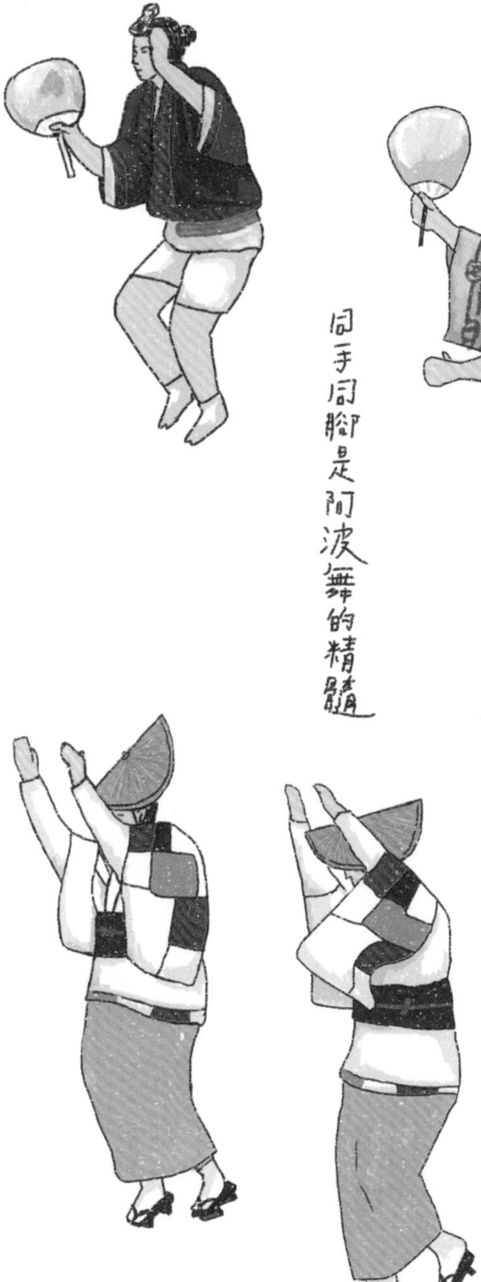
同手同腳是阿波舞的精髓

花火大會

這樣的夏日河畔煙火大會是不是很浪漫？很多日劇橋段常演的畫面，穿著浴衣與喜歡的人一起看煙火，或是全家人坐在河畔邊，邊吃東西邊看煙火邊聊天，花火大會也成為日本夏天的活動之一。

節分祭

節分是京都的一大節氣，其中吉田神社的節分祭最有名，當天可以花200日圓買一包福豆，裡面有一張抽獎券可參加抽獎，頭獎可是一輛汽車！晚上還有驅鬼儀式，由一個人扮演神明，三個人假扮的惡鬼闖入祭壇，分別是紅、藍、黃色，三個惡鬼會奔跑、吼叫、嚇唬觀眾，零距離的驚嚇還蠻可怕的，現場聽到許多小孩的哭聲，人多到只能擠在人群中看表演。

厄除け福当り
節分祭
福豆

觀察六

拉麵店の觀察

日本拉麵種類變化多端，拉麵店多到幾乎走十分鐘就能看到一家，每家的飲食文化特色與種類都不太相同。日本拉麵又鹹又油又膩，但不知道爲什麼還是覺得很好吃，來日本不妨多方試試不同派系的拉麵文化。

拉麵店外觀

在日本，拉麵是平價又可快速填飽肚子的料理，被列為庶人美食。而口袋不夠深的我，最常光顧的就是街道巷弄的拉麵店。有些拉麵店要在門口販賣機點餐買票再入座，不會有華麗的裝潢，多半是以深棕色木材裝潢，布簾是每家拉麵店必備門面，外觀沉重的顏色，裡頭卻給人濃厚的溫暖。

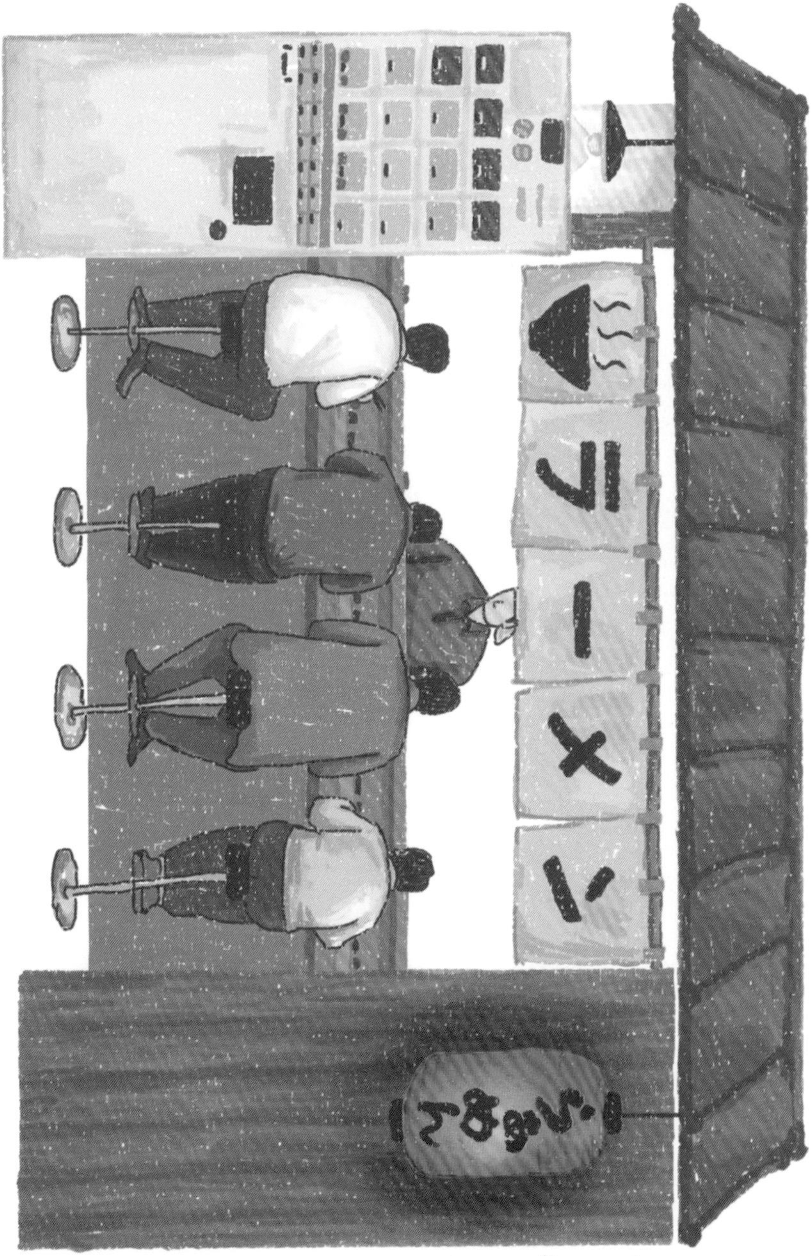

平價拉麵上班族最愛，男性顧客居多

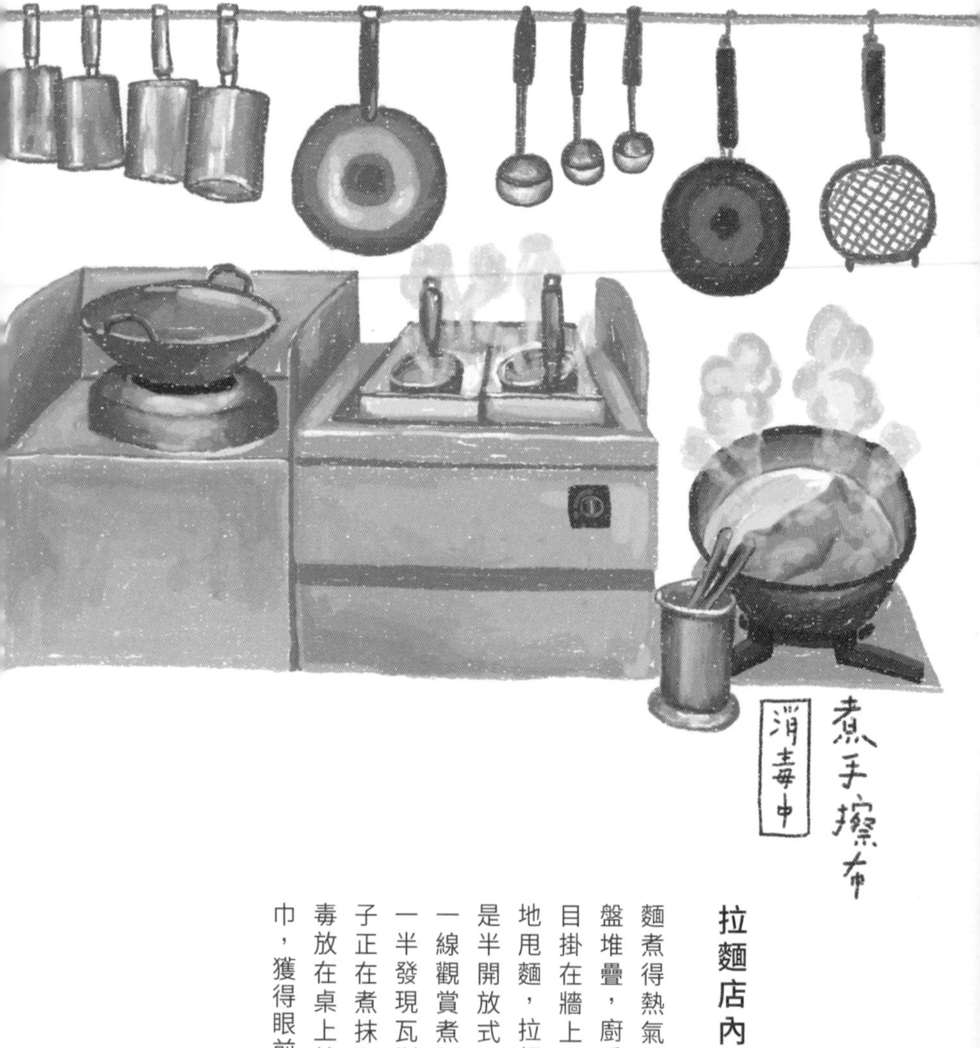

拉麵店內部

麵煮得熱氣騰騰，層架上碗盤堆疊，廚房裡工具琳瑯滿目掛在牆上，師傅認真霸氣地甩麵，拉麵店的廚房大多是半開放式，坐在吧檯能第一線觀賞煮麵秀，吃麵吃到一半發現瓦斯爐上有一個鍋子正在煮抹布！好像是在消毒放在桌上給客人擦手的毛巾，獲得眼前新奇的畫面。

美味しいね～

拉麵店員

拉麵店內場大部分是男師傅煮麵，親切的師傅知道你是外國人還會跟你熱情地聊天，身在異鄉那時覺得跟這個城市距離又更近一些了，簡單的一碗麵，氣味、湯頭、叉燒，甚至連上面的蔥花、海苔都很講究，寒冷的冬天讓身軀心靈同時都獲得溫暖。

清爽拉麵

阿夫利　柚子拉麵

清爽的柚子湯頭，一吃立刻愛上，四處推薦在日本的朋友一定要去吃看看，不知道是表現得太誇張還怎樣，都不相信我口說的好吃，而是最後親自去吃了，才相信我說的美味，真的好吃到可以把整碗湯喝個精光，吃完還會懷念的那種。

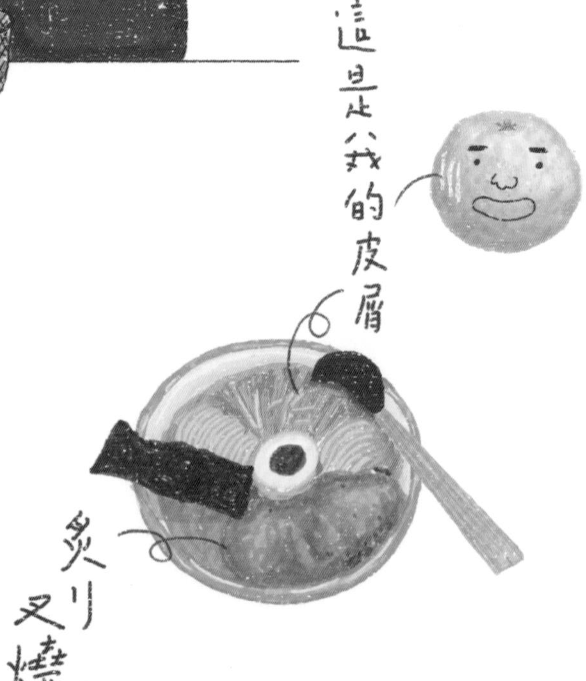

篝 雞白湯拉麵

有米其林指南推薦的美譽，說什麼都要試試，剛端上時整碗的顏色與擺盤，彷彿可以看見上面有光在閃爍，湯喝起來濃郁而不油膩，雞胸肉粉紅剔透，不柴的軟嫩口感，師傅穿著正式還打領帶，有米其林認證果真色香味俱全。

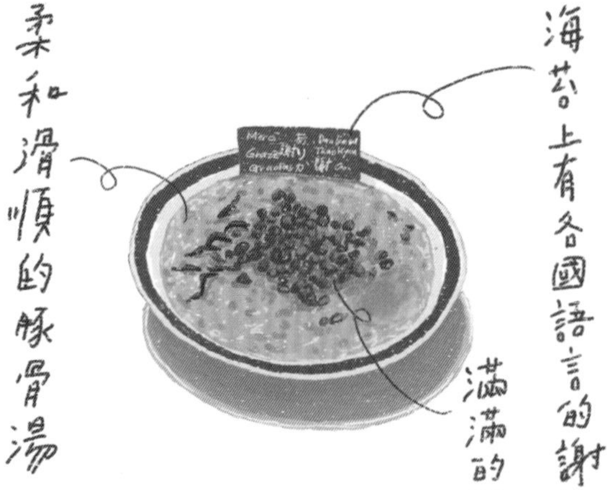

濃郁拉麵

博多長濱田中　豚骨拉麵

單純只用豚骨熬煮三天，熬出好吃且具膠質黏稠感的濃郁湯頭，吸入掛著湯汁的麵條後，可感受到滑順的豚骨味在嘴裡化開，這樣一形容覺得可以去投稿美食專題了，真心覺得好吃令人懷念的味道。

六里舍　沾麵

沾麵其實就是麵沾著濃郁的湯吃，麵通常比較Q彈，好吃關鍵就在這碗濃郁的湯頭裡。濃郁的魚介豚骨湯充分裹住麵條，剩下濃稠的湯汁可加入清湯稀釋，就變成好喝的高湯。當天跟朋友討論日本人吃麵真的都很大聲嗎？不久隔壁一位男生果真吸得很大聲，我們想試著學學看，發現完全吸不起來，麵太粗了，女生還是優雅一點吃就好。

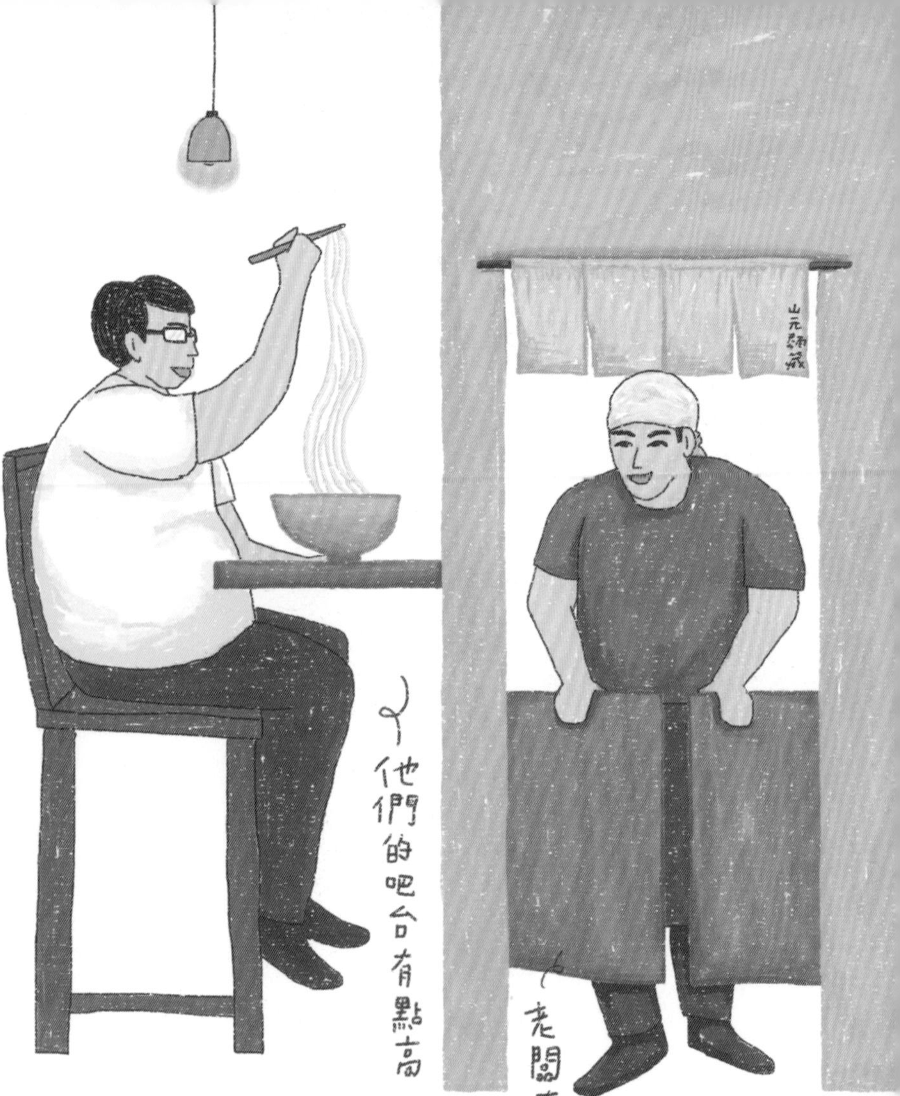

烏龍麵

山元麵藏
有著親切的老闆與店員，
再搭配Q彈的烏龍麵，
就算大排長龍，也覺得滿足，
份量也是大大滿足。

くをん　炸串

外觀保留京都老房子樣貌，以木素材顏色為基礎，呈現柔和氛圍，讓人可以放鬆慢慢品嚐一頓美食，二樓座位可從窗外欣賞京都古色古香的街道。

觀察七

錢湯裡の觀察

在日本嘗試錢湯文化後，發現光溜溜泡澡眞的很舒服，終於懂日本人爲什麼那麼愛泡澡，眞的有治癒疲憊不堪的身體與放鬆功效，泡完後暖呼呼的身軀，冬天走在外頭一點也不覺得冷，再來杯冰牛奶，整個爽快舒暢，一起來體驗錢湯文化吧。

ゆ
湯

錢湯外觀

外觀看到大大的煙囪在冒煙，是歷史比較悠久，以柴燒煮沸熱水的老舊錢湯，現在很多錢湯都改用瓦斯或電，有煙囪的錢湯越來越少了。日本澡堂有公定價，大概落在大人460日圓左右，價錢會標在門口，有的會張貼海報，不定期更換季節果物或藥草湯，每家噱頭不太一樣，有次去是水蜜桃湯，覺得很新奇有趣。

價目表
ゆ
料金
大人 460
中人 180
小人 80
ゆ
湯
ももの葉湯
今日是水蜜桃湯!!

錢湯玄關

錢湯久遠的歷史，成了外國觀光客必去景點之一。有的錢湯門口有設置販賣機，可自行按機台買票入場，也有毛巾、牙刷、沐浴乳等選項。另一邊是鞋櫃，鞋子脫掉放進鞋櫃才能進去，但這種可說是古董級的鞋櫃已經很少出現在錢湯了，而同樣古董級的鞋櫃鑰匙造型相當特殊，不只是傳統木製，鑰匙上的缺口還會因號碼不同，而有數量與間隙上的差異。

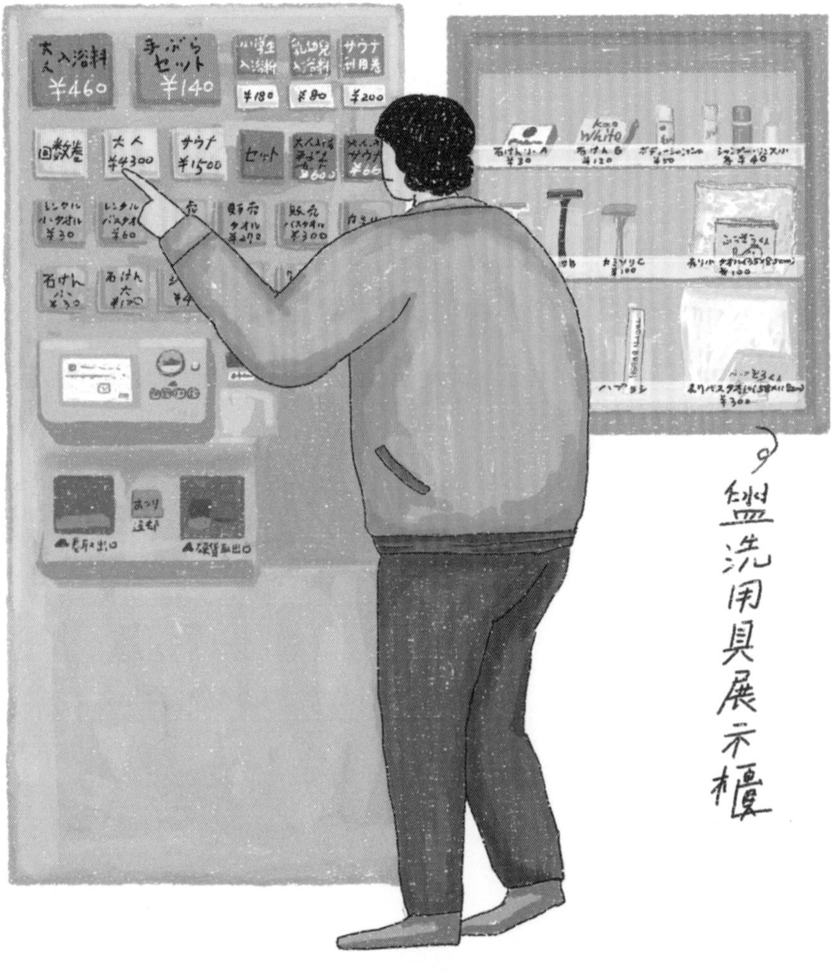

22
復古
鞋櫃鑰匙

錢湯入口

日本住家附近，網路搜尋一下，都會有大眾澡堂，大多是住在附近的人，拎著沐浴用品，走到附近的澡堂洗澡，在日本時很愛去錢湯泡澡，真的很舒服，非常推薦一定要體驗一下錢湯文化。

一進去會看見櫃檯阿姨或婆婆在收票，澡堂浴池男女分開，入口以紅藍布簾區分男湯、女湯，在櫃檯給完票往布簾走進去就可以了，但並不是每家錢湯路線設計都一樣喔。

脫去塵埃

要在更衣間脫光衣服，有提供放置衣物跟貴重物品的櫃子，脫完走進玻璃門，裡面就是澡堂，一開門是洗澡區，把身體洗乾淨才能進入浴池，可以看見互相洗背或很認真搓自己身體。傳統錢湯冷熱水的水龍頭是分開的，有的還沒有蓮蓬頭可以沖澡，但澡堂有提供小臉盆，讓你自行在臉盆中和冷熱水後再往身上倒，雖然很不方便，但這樣才能體驗當地的澡堂文化。

淨化放鬆

錢湯牆上會有富士山的風景畫，享受泡湯之時，假裝欣賞美麗的風景，富士山獨自孤立地展現自我風格，看似孤單，但卻努力生存著，就算是壁畫也讓人心曠神怡。現在越來越少人去錢湯，每次去都是婆婆媽媽居多，很少看到年輕人。第一次去要脫光光與人共浴其實很害羞，但大家很有禮貌不會盯著對方看，幾次後就習慣了，毫無恥度可言，反正都是過客，而且泡完真的很舒服，只要工作太累或天氣很冷，都適合去錢湯放鬆一下。

錢湯禮儀

錢湯有一些必須遵守的規則，像是毛巾不能放入浴池，從蒸氣室出來，要沖洗才能再入湯，長頭髮的女生要綁起來等。大家知道身上有刺青的人，在日本是不能進入大眾浴池的嗎？早期日本人認為只有黑道、壞人、犯罪者才會刺青，因而拒絕身上有刺青的人泡湯，但現在刺青已成為一種藝術，日本已有很多錢湯歡迎刺青人士入湯。

大哥魂

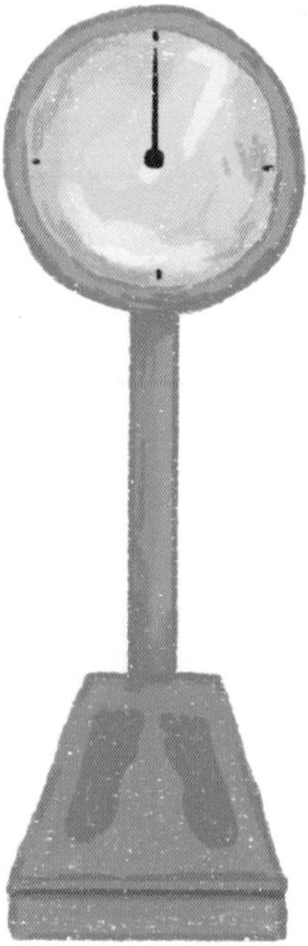

通體順暢

錢湯裡會放置體重計，可以順便量一下體重，看有沒有因為泡完湯變瘦，但好像是因為以前家裡沒有這種笨重的體重計，所以澡堂會提供給民眾順便量一下。泡完後，就要來罐冰牛奶，暖呼呼的身體喝了冰牛奶會覺得特別好喝，錢湯外通常有販賣牛奶的冰櫃或販賣機，也有一些其他飲料，例如咖啡、果汁、汽水或冰品等等。

morinaga

觀察八

居酒屋裡の觀察

日本人個性比較含蓄，做事也比較嚴謹，在職場上總是高壓肆虐，居酒屋就是讓他們在下班後能夠紓解一天緊繃的心情，或是和同事、朋友聚餐的地方，現場鬧哄哄的還會有誇張的大笑，在居酒屋可以看到日本人的另一面。

酒

台日居酒屋大不同

日本人到居酒屋主要是喝酒、聊天，只會點幾盤下酒菜，大肆聊天，大聲地笑來發洩壓力，現場真的鬧哄哄的很吵，居酒屋幾乎都是可以抽菸的場所，空氣中瀰漫著濃濃的酒味與菸味，害怕菸味的人，就不推薦來這裡。

哈
哈
哈
哈

台灣人不在日本生活，
不用為了釋放壓力去居酒屋，
以旅遊體驗居多，所以都點一堆吃的，
而居酒屋的料理通常小小一盤，
為了吃飽就會點很多來配手上的一杯啤酒。

用平板電腦點餐
提供衣架

飲み会

在日本上日語課時，同學們來自不同國家，大家卻是用日語溝通，讓我覺得學起日語不那麼有壓力變得很有趣。韓國同學很愛下課後約去居酒屋喝一杯，或是去射飛鏢酒吧玩一下，剛好日語老師很好約，說走就走那種，才讓我有機會體驗日本喝酒文化，很常聊天聊到末班電車才回家，有次遇上人身事故電車延遲，趕不上末班車回不了家，還好借住在日本朋友家，不然流落街頭真的太可怕了。

57
53
DARTSLIVE2
DARTSLIVE2

立ち飲み

立飲顧名思義就是站著喝酒的地方，假日中午就一堆人在喝了，但應該是價錢很便宜，不然站著喝酒沒辦法放鬆，只能小酌一下。去的這間位於東京上野，早上七點開始營業，好像是為了讓那些上夜班的人，下班後有個可以放鬆休息的地方，裡面雖然鬧哄哄的，但還是會被阻止大聲歡呼、吆喝，牆上也有貼禁止拍照影響他人，這裡是日文課老師帶我們來的，一群人喝酒聊天挺有趣的，想必我們不乖乖上課都在喝酒，日文才會一直進步不了。

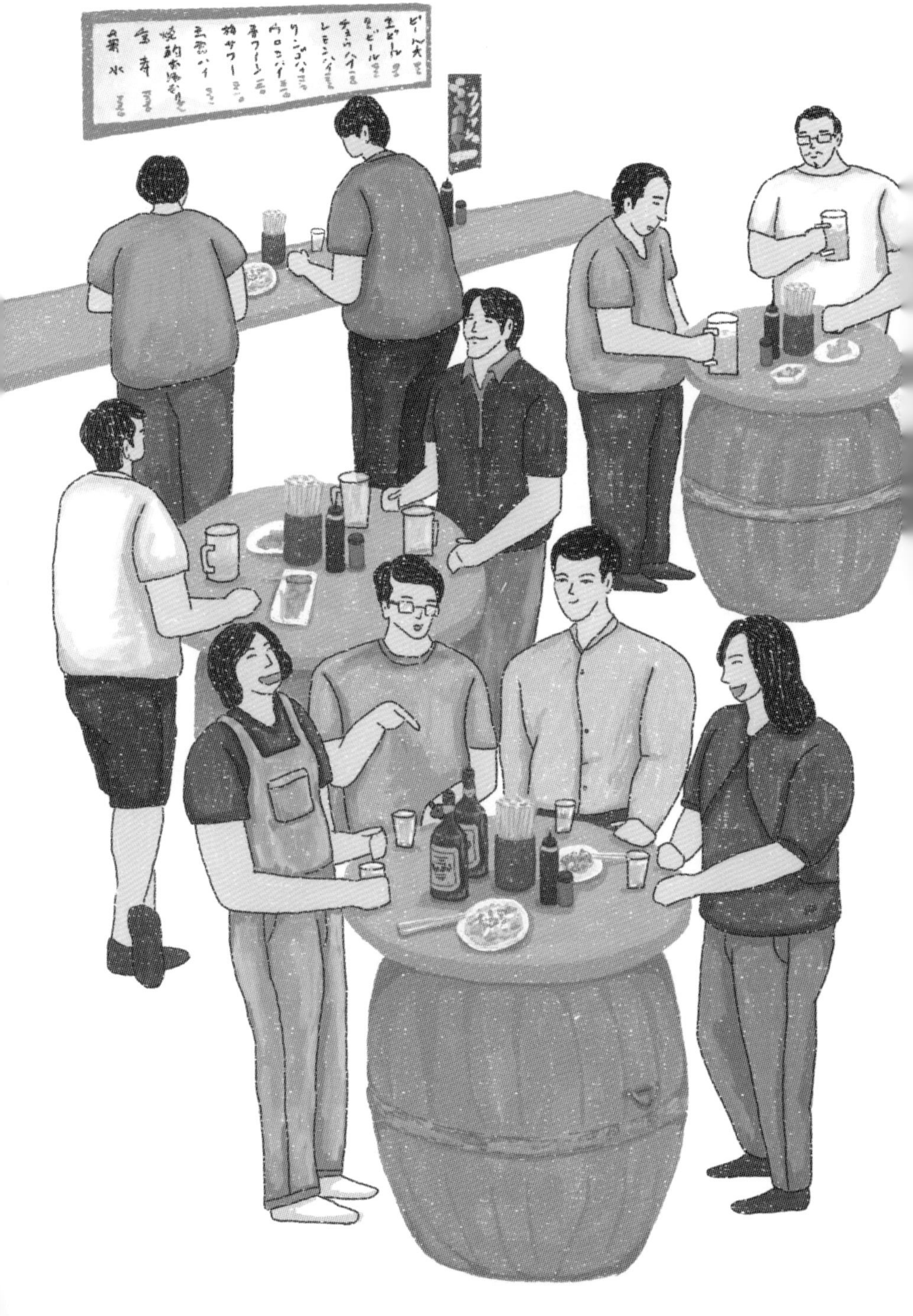

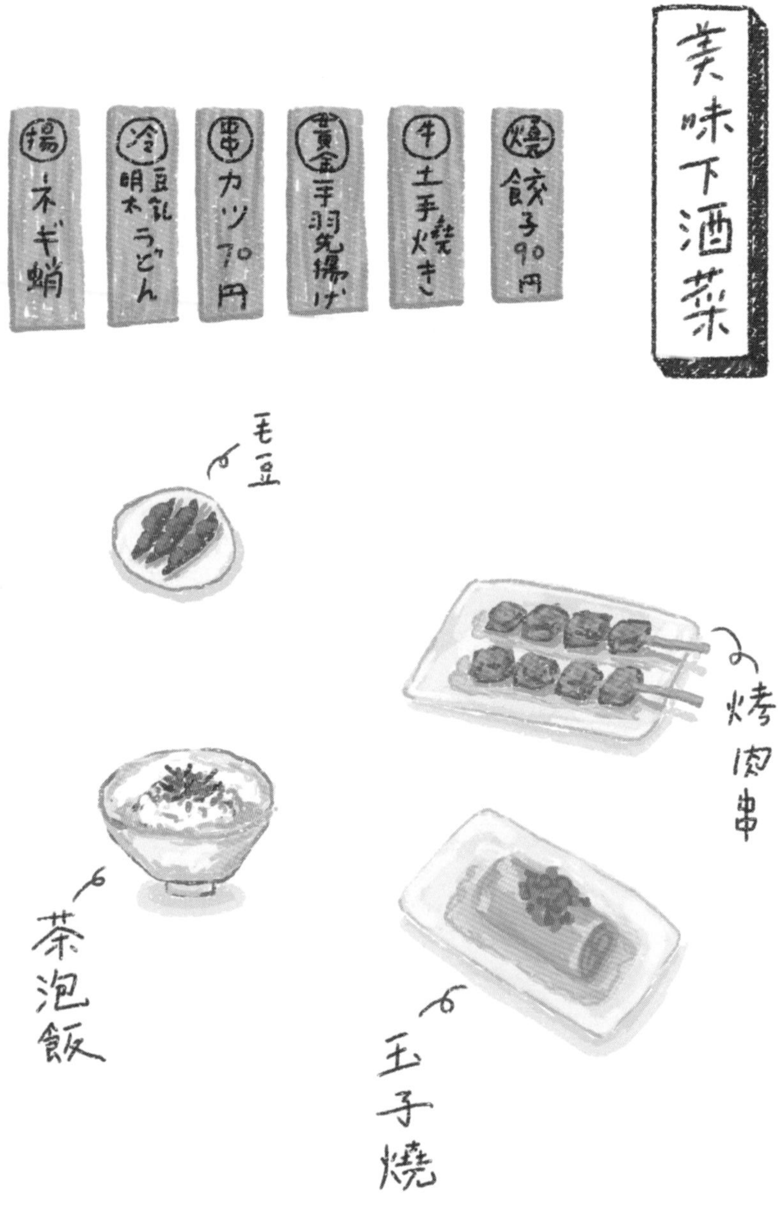
美味下酒菜
燒 餃子90円
牛 土手焼き
黄金 手羽先揚げ
串 カツ70円
冷 豆乳明太うどん
揚 ネギ蛸
毛豆
烤肉串
茶泡飯
玉子燒

居酒屋風情

居酒屋會把酒類和料理的介紹貼在牆上，讓客人可以馬上看到推薦商品，同時向客人介紹菜色，有的整個牆面花花綠綠胡亂貼，根本看不見空白處，但居酒屋菜色真的很多，酒也琳瑯滿目，所以可以看牆上的海報介紹做選擇。

日本觀察日記

2021年1月1日初版第一刷發行

作　　者　Moni・摸你
編　　輯　王玉瑤
封　　面・版型設計　謝小捲
美　　編　梁淑娟
發 行 人　南部裕
發 行 所　台灣東販股份有限公司
　　　　　<地址>台北市南京東路4段130號2F-1
　　　　　<電話>(02)2577-8878
　　　　　<傳真>(02)2577-8896
　　　　　<網址>http://www.tohan.com.tw
郵撥帳號　1405049-4
法律顧問　蕭雄淋律師
總 經 銷　聯合發行股份有限公司
　　　　　<電話>(02)2917-8022

國家圖書館出版品預行編目資料

日本觀察日記 /Moni. 摸你作 . -- 初版 . -- 臺北市：臺灣東販股份有限公司, 2021.01
144面；14.7×21公分
ISBN 978-986-511-574-6(平裝)

1. 文化 2. 通俗作品 3. 日本

731.3　　109019465